Claire

95318827R00060

Made in the USA
Middletown, DE
25 October 2018